AF462131

NOS INSTITUTEURS

NOS INSTITUTEURS

M. GUICHOU

TOUSSAINT NIGOUL

FOIX
GADRAT AINÉ, IMPRIMEUR-LIBRAIRE
1889

PRÉFACE

Un ami inconnu, qui est un écrivain de talent, a voulu faire ma biographie.

Artiste, il a cru que ma personne pouvait bien faire dans un tableau,

Et aussitôt de me prendre et de se surpasser lui-même.....

Je n'ai fait que poser, son art a fait le reste.

Mais je considère comme une immense faveur d'avoir, à mon insu, attiré son attention, et de pouvoir conserver son œuvre pour ma famille et pour mes amis.

GUICHOU.

NOS INSTITUTEURS

M. GUICHOU

I

Des renseignements, dignes de foi et puisés aux meilleures sources, me permettent d'aborder aujourd'hui une étude qui sollicite depuis longtemps ma plume. Je veux grouper dans un médaillon les figures des Instituteurs publicistes, hommes de lettres, conférenciers, de notre département; de ceux qui, en dehors de l'école et à côté d'elle, ont possédé, où possèdent assez d'activité, assez de courage, assez d'énergie et de talent pour se faire lire ou entendre de leurs concitoyens, en les instruisant sur leurs devoirs d'hommes, après les avoir instruits sur leurs devoirs d'enfants, en leur enseignant la patrie et l'humanité, après leur avoir enseigné la famille et la société.

Je commence par M. Guichou, actuellement instituteur à la Bastide-sur-l'Hers.

M. Guichou (Jean-Jacques-Eliacin) est né aux Bordes-sur-Arize, le 8 (1) décembre 1833. Son père se trouvait alors instituteur à Camarade, commune située à trois lieues environ des Bordes. La profession d'instituteur était à l'époque si peu rému-

(1) C'est par erreur que M. Duclos dans l'*Histoire des Ariégeois* (livre VI, pages 24, 25, 26 et 27) a fait naître M. Guichou le 8 octobre ; c'est le 8 décembre qu'il est né d'après les documents authentiques.

nérée qu'elle ne suffisait pas à nourrir une famille, il fallait au maître d'école pour pouvoir vivre y ajouter un métier, un emploi quelconque.

Camarade, commune des plus pauvres du département, n'offrant aucune ressource, M. Guichou se vit obligé de briguer la fonction de lecteur et chantre au temple. Cette place ajouta la somme de 70 francs à son maigre traitement. Faveur grande pourtant, et distinction réelle pour un maître d'école de ce temps-là, où le plain-chant constituait la première note de l'examen. Pour le reste, un peu de lecture, un peu d'écriture, un peu de calcul; c'était plus qu'il n'en fallait pour l'instruction des enfants des paysans.

M. Guichou étendait cependant un peu plus loin que cela ses connaissances. Après avoir pris, étant jeune homme, dans la petite école des Bordes toute l'instruction qu'on y trouvait, il avait augmenté son petit bagage par des études et méditations particulières; de sorte qu'au lieu de la simple licence d'enseigner, qui suffisait ordinairement à ses pareils, il put prendre un brevet en règle et obtenir la permission d'aller ouvrir une école à Camarade. Il était déjà marié; il avait épousé une demoiselle Hérisson, de bonne famille, jadis riche, mais ruinée à l'époque des assignats. La jeune fille ne possédait en fait de dot que sa remarquable beauté que relevaient encore des qualités d'éducation et de sentiments de famille, rares dans son entourage.

Courageux et vaillant, le jeune Guichou n'en avait pas demandé davantage. D'ailleurs, très adroite de ses mains, habile dans la couture, la jeune femme n'avait pas tardé à monter, aux

Bordes, un petit atelier qui avait prospéré ; à tel point que, lorsque son mari partit pour ouvrir son école à Camarade, il dut se résoudre à la laisser aux Bordes. A travers cette distance de trois lieues et les durs chemins, ces deux cœurs aimants se rapprochaient le plus souvent possible; mais que de fatigues et de privations !

L'homme, dont j'aborde ici la biographie, dont je crois n'être pas connu et dont moi-même j'ai entrevu à peine la personne (je dirai plus tard dans quelle circonstance), m'excusera de soulever le voile qui couvre des détails aussi intimes.

J'ai besoin de pénétrer dans cette intimité. Je le ferai d'ailleurs avec toute la discrétion voulue et qui est, au surplus, une des habitude de ma plume. J'ai besoin de m'approcher du nid sacré de la famille, de me pencher sur le berceau d'osier qui attend le petit Eliacin, qui va le recevoir là, auprès du lit ; parce que le foyer, la maison où il va naître, sucer le lait de sa mère, vagir, pleurer, rire, crier, grandir, sont comme un second sanctuaire dont l'influence est si considérable sur le caractère, l'esprit, l'âme, la nature entière de l'enfant. Et puis, ces détails, ne sont-ils pas tout à l'honneur de sa famille, à la gloire de son nom ? L'aiguille de notre mère, la navette de notre père, sa truelle, sa pioche, sa charrue, ses tenailles, son alène ou son marteau, ne sont-ils pas les armes de notre blason à nous, enfants de la plèbe, relevés et anoblis de plus en plus, tous les jours, par l'instruction ?

II

Ainsi donc, c'est au milieu de cette existence, de cet éloignement forcé, que naquit, aux Bordes, Jean-Jacques-Eliacin Guichou. L'enfant grandit auprès de sa mère jusqu'à l'âge de cinq ans. Le dimanche, de temps en temps, le plus souvent possible entre le prêche et la classe, le père venait un instant et repartait : le temps d'embrasser la mère et l'enfant. A ces cinq ans, à cet âge de l'enfant, un vrai malheur vint atteindre la maison. Madame Guichou tomba gravement malade. Il fallut quitter les Bordes et se fixer à Camarade. La famille s'était accrue : on était cinq. Le logement du père était fort étroit. Impossible de s'en procurer d'autre ; pas une maison libre dans l'endroit. L'école elle-même se faisait loin de l'habitation, dans une grange ouverte à tous les vents. Les planches disjointes laissaient voir, en bas, les vaches, les brebis et l'âne, qui, comme l'a dit spirituellement Éliacin Guichou dans une lettre que j'ai eue sous les yeux, « pouvaient suivre les leçons du maître, avec presque autant de fruit que les élèves. »

Six ans plus tard seulement, après des démarches et des rapports sans nombre, à la suite de toute une campagne menée en règle et avec une ardeur et une persévérance qui témoignèrent de l'énergie et de la volonté indomptables dont il était doué, le brave instituteur put enfin obtenir qu'on bâtit une maison d'école avec un logement convenable pour le maître. Cette satisfaction, si difficilement acquise, au lieu d'apporter le contentement attendu dans le ménage, fut pour lui la source des pires misères.

En effet, le presbytère se prit aussitôt pour la maison d'école d'une basse envie qui ne tarda pas à se traduire par des dénonciations hypocrites et haineuses, avivées par l'esprit d'intolérance religieuse : M. Guichou était de la religion réformée.

La lutte était impossible. On était, malgré le libéralisme apparent du gouvernement de Juillet, d'ailleurs penché déjà vers la réaction, sous une administration intolérante, dont le personnel créé par la Restauration, dirigeait tout, dominait tout. La persécution fut particulièrement douloureuse pour Madame Guichou dont la sensibilité devint extrême. Une maladie nerveuse s'empara même de sa nature délicate et la tint longtemps à deux doigts de la mort. « Elle était bonne, elle était douce, elle était aimante, nous écrit un ami, à son sujet. Elle avait une piété rare. La bible était son seul livre ; elle la savait par cœur. »

C'est dans ce livre qu'elle apprit son jeune Éliacin à lire ; c'est dans les chapitres choisis et appropriés aux circonstances, qu'elle lui montrait les maux ressentis par la famille, et c'est encore dans le saint livre qu'elle lui enseignait à trouver des consolations à ces maux. Souvent quand la souffrance était trop grande, quand la coupe de douleur débordait, elle prenait la tête de son enfant dans ses mains, et, l'appuyant contre son sein : « Ami, prions ! » lui disait-elle. « Et sa voix, comme le son affaibli d'une musique dans le lointain, parlait à Dieu, comme à un protecteur, comme à un ami, comme à un père. »

C'étaient ensuite, pendant les rares accalmies de la tourmente, des entretiens, des réflexions douces et graves sur les difficultés matérielles de la vie, sur les charges toujours lourdes, épouvantables parfois, qui pesaient sur le pauvre père, sur les épreuves de toute nature qui sont le lot habituel du juste dans ce monde. Délicates leçons, que l'enfant comprenait et s'appliquait avec le silence de son cœur sensible et affectueux. C'est ainsi qu'un jour, voyant ses chaussures usées (on avait dans la famille le culte de la décence, on n'aurait pas permis qu'il allât un instant pieds-nus), il s'ingénia à se fabriquer des pantoufles avec un morceau d'étoffe et de la corde ; et il y réussit au-delà de ses espérances. Et jamais, depuis, dans le cours de sa vie, j'en suis certain, M. Guichou n'a eu de chaussure, même ses premières bottes, qui lui aient fait autant de plaisir, qu'il ait aimées autant que celles-là.

L'enfant grandissait dans ce tendre commerce de sa mère. Il n'assistait presque jamais à la classe. Il apprenait pourtant dans ses petits livres autant et plus que ses jeunes camarades à l'école paternelle. D'ailleurs, l'esprit très ouvert, l'imagination très alerte, l'intelligence très vive. Le père laissait faire, sachant du reste que ces soins de la mère et ces dispositions de l'enfant suffisaient à compenser à cet âge, ses propres soins. Il était absorbé en outre par les trois classes qu'il était tenu de faire par jour dans la principale agglomération de Camarade et sur d'autres points de la commune. Dévouement vraiment extrême, qui lui valut le suffrage le plus précieux qu'un esprit généreux et élevé puisse ambitionner.

Un jour, à la tribune de la Chambre, dans un rapport sur l'Instruction primaire en France, on entendit Boulay, de la Meurthe, prononcer ces mots :

« Nous pouvons citer plusieurs instituteurs bien dignes d'éloges : celui de Camarade (Ariège), qui, quoique à peine rétribué, fait classe cependant chaque jour à trois endroits différents, éloignés les uns des autres de plusieurs kilomètres.

III

En 1846, M. Guichou hérita d'un petit bien dans la commune des Bordes. Il fallut prendre des dispositions pour le faire valoir. Éliacin, très raisonnable et plus sérieux que son âge (il n'avait que treize ans) fut envoyé à cette occasion avec ses deux frères aux Bordes et s'y fixa.

Tout d'un coup, dans sa liberté et son initiative d'adolescent, que cette confiance de son père avait virilisé, il conçut un projet en apparence insensé, et qu'il réalisa cependant avec succès : il établit dans la commune un cours d'adultes qui ne tarda pas à être régulièrement suivi par une vingtaine de jeunes gens et d'hommes mariés. Chaque soir, la journée de travail terminée, cet auditoire vint écouter docilement et gravement la parole de cet enfant qui parlait comme un homme. Plusieurs de ces étranges élèves d'un maître si étrange tinrent à s'acquitter par quelque monnaie qu'il consacra à l'achat de livres d'éducation.

Il grandit ainsi, et, en même temps, grandit chez lui le goût pour la lecture. Il trouva dans des maisons de la contrée quelques livres, alors nouveaux et rares, qu'on mit gracieusement à sa disposition : *les Nuits d'Young, le Paradis perdu,* de Milton, *Corine ou l'Italie,* de Madame de Staël, *les Recueillements poétiques,* de Lamartine, *les Odes et Ballades*, de Victor Hugo, et autres soldats glorieux de la brillante avant-garde du romantisme.

Il dévora ces livres avec toute l'ardeur de son âme déjà tournée par son inclination vers la poésie. Après avoir lu, il relisait ; après avoir relu, il méditait ; et son imagination s'abîmait par instants dans d'extatiques contemplations. Il connut ensuite Bernardin de St-Pierre, J.-J. Rousseau, Chateaubriand, devenus souverains sur les esprits. Sa tête prenait feu et s'enflammait à ces lumières, un peu trop vives et trop ardentes pour son âge. C'est miracle qu'elle n'ait pas éclaté à ces terribles contacts. La nature, la belle et reposante nature des bords de l'Arize, fut un heureux calmant à ces excitations. Ce petit cours d'eau de l'Arize, doux comme son nom, particulièrement ravissant aux abords des Bordes, attirait ses promenades solitaires, berçait ses rêveries d'adolescent, les emportait et les fondait au fil murmurant de ses petits flots.

Un jour cependant, quelque chose chanta en lui; et des rimes, comme des fleurettes, lui vinrent aux lèvres, qu'il rejeta bientôt après, mécontent, étonné de leur chétivité, de leur terne coloris. La forme, ainsi qu'il arrive presque toujours aux premières inspirations, retardait sur le sentiment et la pensée. Pourtant, un peu d'habitude venant, quelques pétales survécurent, obtinrent grâce devant lui : des myosotis, des primevères, des pervenches, des églantines, l'aubépine des haies, les premiers parfums de l'âme et du cœur. Il en fit de petits bouquets, qu'il conserve peut être encore dans le coin de quelque herbier mystérieux.

Cependant, le temps était venu où il fallut songer à mettre un peu de dure prose dans cette tendre poésie : On ne peut pas rêver toujours! La vie est là, qui s'approche avec son visage grave, déjà soucieux, déjà inquiet, qui attend le jeune homme au tournant de sa dix-huitième année, quelquefois déjà comme une louve au coin d'un bois.

On songea dans la famille à faire de lui un pasteur. C'eût été assez dans ses goûts. Parler à la chaire, y lire les saintes écritures, les interpréter, les commenter, était un ministère pour lequel il semblait né, pour lequel sa pieuse mère semblait l'avoir formé et élevé. L'orateur à treize ans du cours d'adultes n'aurait pas eu de peine à briller dans un tel rôle, au fond peu difficile et peu varié. Mais il fallut y renoncer : un examen attentif du budget de la famille et la considération des deux autres garçons à élever et à établir, ne permirent pas de réalier ce doux projet. Et voilà comment la chaire du maître d'école, humble, asservie, très modeste alors, l'emporta sur la chaire, relativement libre et plus en vue du pasteur.

Faut-il le regretter? Je répondrai sans doute à cette question dans le cours de mon récit, auquel je prévois quelque étendue. Le sujet en vaut la peine, je crois. J'estime d'ailleurs qu'en face d'un Instituteur, quel qu'il soit, d'un Instituteur de la République, de la démocratie, d'un éducateur d'enfants du peuple, d'un faiseur d'hommes et de citoyens, d'un préparateur du quatrième Etat, dans lequel se fondront et s'unifieront les éléments de la nation, il est permis d'élargir le cadre, de donner à la toile quelque ampleur.

IV

On décida donc que le jeune Eliacin prendrait la profession de son père, qu'il laisserait la bible pour la grammaire, qu'il serait instituteur. On l'envoya à Foix, suivre les cours de l'école annexée à l'école normale, afin de lui faciliter la prompte entrée à cette dernière école. C'était la seule voie à suivre dans ce temps là, où nul instituteur, ou peu s'en faut, n'était apte à préparer directement des élèves aux examens d'admission, encore moins au brevet, chose si commune aujourd'hui de la part de nos maitres mieux cultivés. Un heureux hasard amena notre aspirant à prendre sa chambre rue des Chapeliers, dans la maison des frères Bayle, deux jeunes gens aussi obligeants qu'instruits, et dont l'un possédait déjà le certificat d'Inspecteur.

Son amour pour l'étude, sa modestie, son éducation, sa distinction native, lui attirèrent promptement la sympathie et l'amitié des deux jeunes gens. La même chambre ne tarda pas à les réunir dans une intimité pour ainsi dire fraternelle, dont l'étude et les entretiens scientifiques, philosophiques et religieux, formaient le plus habituel passetemps. On s'endormait souvent sur une démonstration de Laplace, une proposition d'Euclide, une maxime d'Erasme, une pensée d'Epitecte, une parabole du Christ, un précepte de Platon.

Stylé de la sorte, notre jeune élève n'eut pas de peine à être admis à l'école normale.

Il s'était attendu à trouver à cette école la perfection du système pédagogique dans ses meilleures méthodes d'enseignement. Sa désillusion fut grande de voir qu'on y pratiquait l'enseignement à rebours, qu'on s'y appliquait à tourner l'intelligence vers les ténèbres, vers la nuit, vers l'obscurité. Ce bel établissement de Montgausy, si bien placé, si bien éclairé sur sa colline, qui semble et qui est, à cette heure, l'œil de la science pédagogique ouvert sur la ville de Foix, sur ses vallées, sur le département, n'était alors qu'un œil creuvé, aveuglé, éborgné tout au moins par un parti pris de compression et d'extinction.

Il s'agissait d'arrêter toute tentative, tout essort d'intelligence dans les masses populaires de la campagne principalement.Le régime que préparait l'Empire avait décidé qu'on mettrait sur l'esprit du peuple, sur ses foyers naturels, un éteignoir. La loi Falloux fut cet éteignoir. Le mot d'ordre fut : guerre à l'enseignement laïque,et, par suite,à l'Instituteur! Pour détourner ou degoûter les jeunes gens de la carrière, on alla jusqu'à supprimer les titres, et on ne leur accorda qu'un traitement dérisoire. Ceux que ces dispositions atteignirent — M. Guichou fut du nombre — eurent à en souffrir cruellement plus tard.Ils en souffrent même encore aujourd'hui; car, par ce temps de titularisations et de brevets sans nombre, leur situation se trouve fatalement sacrifiée.Il n'y a pas, en effet, de remède a une telle injustice; elle ne pourrait être corrigée que par le concours aux examens qui confèrent ces titres et ces brevets. Or, l'âge, qui est, au demeurant, une barrière infrangible, répugne à de telles épreuves. La mémoire, le souverain et presque unique facteur de ces concours, s'affaiblit avec les ans, se rouille dans l'inaction. Cela est si vrai,que l'Instituteur ne prend guère, dans sa vie, de brevets que ceux qui lui tombent dans les mains au sortir de l'école, comme une conséquence ordinaire, comme le couronnement naturel des études qu'il y a faites, des cours qu'il y a suivis.

V

Son temps d'école normale terminé, M. Guichou fut donné comme adjoint à son père. Mais, cette situation ne comportant pas de traitement, le jeune maître dut accepter les fonctions de précepteur dans une famille de la contrée, à Gorry, au milieu d'une campagne solitaire, où il put donner libre cours à ses études particulières et à son penchant pour la poésie. Il apprit ainsi le latin, l'anglais et même un peu de grec. Un jour même,pour répondre au désir des maîtres de la maison, il exposa dans un rapport considérable (il comprenait une soixantaine de pages) les devoirs et la mission du précepteur. On m'assure que ce rapport, que je n'ai pu me procurer, formait un traité complet sur l'éducation et présentait des aperçus originaux et personnels. Mais, par contre, j'ai eu sous les yeux quelques fragments de ses poésies de ce temps-là. Ils témoignent d'une réelle inspiration, bien que l'haleine en soit encore courte, la rime insuffisante, la forme enfantine parfois :

Gentil ruisseau dont le faible murmure
Avait pour moi tant de vie et d'attraits,
Je veux encore boire à ton onde pure,
Et puis partir, mais non pas sans regrets.

. . . .

Bientôt viendra la timide hirondelle
Faire son nid aux poutres du plancher,
Elle viendra, mais son ami fidèle,
Ne sera plus là pour la protéger.

(Extrait des *Adieux à Gorry.*)

Je dois déclarer d'ailleurs que ces *Adieux*, qui renferment seize strophes, et qui étaient avant tout un simple témoignage de reconnaissance envers les maîtres du lieu, il les traça à la hâte, au moment du départ, sur l'embrasure de la fenêtre de sa chambre, où on peut les lire, je crois, encore, gracieusement respectés.

M. Guichou quitta Gorry pour prendre la direction de l'école de Labastide-sur-l'Hers.

La muse le tracassait, l'agaçait de quelques sourires en se jouant, en fuyant C'est dans ces frolements d'ailes, qu'il composa : *le Rossignol de mon jardin, l'Oiseau captif, Génie et Misère, Donne! Déception, une Vie de remords sur un moment d'oubli, un Savant comme il s'en trouve, Déraison,* etc.. Poésies fugitives d'un caractère intime, que l'on m'assure être dignes de remarque, mais qu'il ne m'a pas été donné d'examiner.

J'en dirai autant d'un poème sur l'*Amour* qu'il fit quelque temps plus tard. C'était sans doute l'ardent coup de flamme de la vingt-cinquième année, l'époque où le cœur tourmente l'âme et lui souffle, avec son haleine plus chaude, avec ses tressaillements plus précipités, avec ses spasmes plus virils, sa puissante inspiration. Mon regret est grand de n'avoir pu soulever le voile qui cache ces productions, où j'aurais peut-être mis la main sur l'âme du poète qui est certainement en M. Guichou.

VI

De 1852 à 1863, c'est l'Empire, l'Empire du Coup d'Etat, encore féroce du sang versé. Silence à la parole, silence à la plume ! M. Guichou donne à l'étude tout le temps que sa classe ne lui prend pas. Il empiète même sur son sommeil, sans souci pour ses yeux, aujourd'hui très fatigués. Dès trois heures du matin en toute saison, et tous les jours, quand l'aube ne vient pas lui tendre sa pâle lumière, il allume sa petite lampe de chevet, et pendant quatre heures, il se plonge dans des études sans fin, amassant et glanant pour l'avenir.

En 1863, il se marie avec Mlle Aspasie Corneil, fille d'un fabricant de peignes de la localité. Il aide son beau-père dans son commerce, sans négliger en rien son école, qui est réputée pour une des meilleures de la contrée. Le commerce de M. Corneil le met en contact direct et journalier avec l'industrie, avec l'ouvrier. Ce contact ne sera pas sans influence sur la tournure de ses sentiments et de ses idées. Sa pensée, dans ses méditations particulières, sortira parfois de l'école pour se répandre dans la Société. Vienne l'heure de la liberté républicaine, et les préoccupations sociales et humanitaires perceront dans ses écrits, autant que le permettra la situation et le milieu solitaire, circonscrit et relativement aride, où il vivra, où le destin aura fixé sa tente.

En 1866 cependant, un semblant de réveil en faveur de l'Enseignement se manifeste dans les esprits et dans le gouvernement. Un universitaire, courageux et éclairé, un homme du métier, esprit libre et novateur, animé par un cœur droit et juste (la postérité continue à lui rendre cet hommage, rare, unique même pour les hommes de ce temps), est appelé au ministère de l'Instruction publique. J'ai nommé Victor Duruy. Avec lui pénètre dans l'hôtel de la rue de Grenelle un souffle d'indépendance et de liberté, qui ne tarde pas à être ressenti dans le pays. Notre instituteur entrevoit de meilleurs jours. Il reprend courage;il peut penser. Bientôt, il pourra peut-être écrire, parler.

En attendant, il donne ses baisers et ses soins à un enfant qui lui est né, et dont il fait ensuite l'éducation. (1)

Enfin 1870 ! La République au milieu des désastres de la patrie ! La liberté au milieu de l'invasion ! La vie au milieu de la mort ! Le réveil pourtant sur les cadavres ! L'aube triomphant enfin de la longue est sanglante nuit ! M. Guichou, ne pouvant changer la plume contre le fusil, pousse le cri du barde dans les bruits d'armes, dans les échos de la mêlée qui lui viennent de l'Est et du Nord, et que son oreille de poète entend. Il écrit la *Patrie en danger*, morceaux de poésies, qui furent le début d'une série d'articles qui parurent dans les journaux du département.

En 1872, il est délégué par l'*Avenir de l'Ariège* au Congrès scientifique de Bordeaux, premières assises de la science dans la France, réveillée de sa léthargie monarchique. On compte dans le Comité du Congrès des hommes comme Claude Bernard, Broca, de Quatrefages, Wurtz, Lefort, Trélat, Filhol, l'abbé Durand, etc..., tous les doyens des facultés des sciences de France, toutes leurs notabilités et un grand nombre de représentants de la presse.

M. Guichou adresse à son journal des relations sur les travaux de l'auguste assemblée. Ces communications témoignent de sa compétence en la

(1) Mlle Hermance Guichou, actuellement mariée à M. Teraillon, commis des postes et télégraphes. La jeune femme (21 ans) possède tous les brevets.

matière et de sa conscience dans l'exécution de son mandat. Entre temps, il jette un rayon de poésie dans la tâche toujours sévère et rude du journaliste : il publie les *Libres-penseurs*, à l'occasion de la souscription ouverte par les étudiants romains pour élever à Rome un monument à Giordano Bruno, l'ancien Dominicain passé au Calvinisme et brûlé vif par l'inquisition comme hérétique et violateur de ses vœux. Il proteste dans ses strophes d'une frappe solide, contre les injures et les accusations dont il est de mode dans un certain monde de poursuivre le libre penseur.

Il est dans les bas-fonds et sur les hautes cimes
Du monde où se complait notre humaine splendeur,
Un être que l'on dit vomi des noirs abîmes
Pour semer parmi nous l'anathème et le crime
Ce vil être maudit, c'est le *libre-penseur !*

Si la nature un jour s'avise d'être ingrate,
Si le vent tonne avec fureur
Ou si du haut des airs sur nous la foudre éclate,
C'est l'effet du libre-penseur !

Si les fleuves grossis, débordant dans leur course,
Couvrent le champ du laboureur,
Ou bien si le soleil tarit l'eau de sa source,
C'est toujours le libre-penseur !

Si la peste sévit, si sous nous le sol tremble,
Si le sang coule avec horreur,
Si sur nous les fléaux se déchaînent ensemble,
N'en veuillez qu'au libre-penseur !

. . . .

Qu'est-ce à dire ? Et pourquoi Dieu lui-même,
Ne prend-il pas cause au débat,
Lorsque d'un seul désir sa puissance suprême,
Mettrait d'un mot trêve au débat ?

. . . .

S'il se manifestait à quelqu'un sur la terre,
J'aime à croire qu'il préferât
Bruno, Spinosa, Calvin, Rousseau, Voltaire,
A quelque stupide béat !

. . . .

L'écrou... le pilori... le bûcher... la torture...
Furent employés tour à tour,
Pour ramener à Dieu la pauvre créature
Par les prêtres d'un Dieu d'amour !

. . . .

C'est à vous grands penseurs, que revient le mérite
D'avoir sauvé l'humanité ;
Et vous êtes encore une race maudite,
Et le peuple persécuté !

Dix-neuf strophes de cette facture, de cette solidité, de cette ampleur. Ce morceau est à lire dans son entier. Il m'a suffi pour constater qu'il y a un poète dans M. Guichou.

VII

De 1876 à 1880, M. Guichou publie en brochure : *Ce qu'il y a à faire,* l'*Education des jeunes gens et des jeunes filles,* l'*Education des enfants.* Et, entre temps, il fait des conférences sur : 1o *La meilleure manière de régler l'emploi du temps dans les écoles ;* 2o *L'enseignement de l'histoire et de la géographie dans les écoles primaires, et méthode à suivre pour cet enseignement :* 3o *L'Enseignement de l'histoire et de la morale ;* 4o *L'Enseignement de la lecture ;* 5o *L'Enseignement de la langue française,* etc., etc., Il fait paraître également un discours pour expliquer la fête nationale du 14 Juillet, et *ses études philosophiques.*

M. Guichou possède encore en manuscrits des

œuvres diverses, et principalement de poésie. Je citerai notamment *Forçats et Rois,* sorte de pamphlet où il flagelle les turpitudes de certains personnages historiques, et *les Maudits,* inspirés par la révolte des paysans Anglais.

Il faut ajouter à cet important bagage de nombreux morceaux sur cent sujets divers, qui n'attendent sans doute pour voir le jour qu'une occasion favorable ou la complète indépendance de l'auteur. Je ne parle pas d'autres compositions absolument intimes, qu'il réserve pour lui seul, comme chose sacrée, à l'abri de tout regard ; parce qu'il croit devoir à sa conscience, à la parole donnée, de les tenir secrètes, comme sont secrètes les causes qui les ont produites ou inspirées. — Pourtant ?...

Enfin, en 1881, M. Guichou, est délégué, avec son ami Amiel, instituteur des Cabannes, par ses collègues de l'Ariège, au Congrès pédagogique qui se tient à Paris du 19 au 24 avril.

Tel est, en raccourci le passé de M. Guichou, et tels sont, en abrégé, les titres de ses principales productions.

Je n'examinerai ici que celles qui ont vu le jour de la publicité. Elles suffisent d'ailleurs pour nous montrer l'homme sous ses trois aspects de poète, journaliste, conférencier.

VIII

L'œuvre du poète se sompose de deux recueils : *la Patrie en danger* et *Etudes philosophiques et religieuses.*

La Patrie en danger comprend cinq petits

poëmes : *La Patrie en danger, Les Orphelins de la Patrie, Aux peuples de l'Europe, Au roi Guillaume, Donnez !* La date de leur apparition (1870-1871) en indique la nature et le sentiment.

Dans la *Patrie en danger,* le poète gémit sur l'apathie et l'indifférence de la France Impériale en présence de l'invasion :

La France dort... elle est tranquille,
Son peuple vit comme toujours,
Aussi bien au bourg qu'à la ville,
On se dirait aux plus beaux jours.
Les femmes soignent leurs toilettes,
Tout comme aux grandes fêtes.
....

Et il menace ce monde égoïste et frivole. Il lui montre le flot de l'invasion qui avance et l'engloutira à son tour, s'il ne se lève en masse, comme en 93, si, comme alors, la France ne se change en un vaste camp. Il lui crie :

Armez-vous sans retard de tout ce qui peut nuire,
De fusils, de poignards, de fourches et de faux.
....
Et n'ayons de repos qu'autant que la Patrie
Dans le sang des vainqueurs aura lavé l'affront.
....
Jusque-là, trève à tout, trève à nos jouissances,
Trève à notre sommeil, trève à tous nos travaux.
Trève à nos vains discours, trève à nos espérances,
Trève à nous, trève à Dieu, trève au bien, trève aux maux !
Que tout se change en deuil, que nos femmes se couvrent
De la bure grossière et du fichu léger ;
Que sur nos monuments partout ces mots se trouvent.
Citoyens, secourez la Patrie en danger !

Les Orphelins de la Patrie furent dédiés par

l'auteur à sa fille Hermance, qui avait alors quatre ans. C'est la nuit, une tempête gronde dans le ciel.

La nuit répand sur nous ses épaisses ténèbres ;
L'ouragan déchaîné pousse des cris funèbres,
Les bois grincent sous son effort.
L'œil anxieux, troublé, ne voit courir dans l'ombre
Que spectres se traînant, que fantômes sans nombre
Et tout un appareil de mort.
Nest-ce pas là peut-être un écho de la guerre,
Qui, dans ce temps néfaste, ensanglante la terre
Et désole notre pays !
La pluie, en crépitant sur la sèche feuillée,
Ressemble aux bruits des pas d'une armée éveillée
En sursaut par les ennemis.

. . . .

Hélas ! le vent redouble, et sa voix désolée
Ressemble à s'y méprendre au bruit de la mêlée,
A des cris rauques de mourants !
A genoux, chère enfant ! A cette heure, peut-être,
Tous ceux que nous aimons ont déjà cessé d'être,
Leurs corps sont des débris sanglants !

. . . .

Je te disais naguère, en parcourant l'allée,
Qu'au milieu de la France aujourd'hui désolée
Plusieurs enfants meurent de faim ;
Que ces pauvres enfants n'ont ni père, ni mère,
Ils ont été tués dans cette affreuse guerre,
Et tu m'offrais pour eux ton pain.

. . . .

Dédoublons tous nos lits, serrons-nous à la table,
Retranchons s'il le faut un cheval à l'étable,
Et recueillons des orphelins.

. . . .

Dans tes beaux yeux, enfant, j'ai saisi ta pensée :
Tu veux de ta fortune avec peine amassée,
Consacrer tout le contenu.
Ah ! c'est bien beau pour toi d'oublier les poupées,
De les laisser aller un peu moins bien nippées,
Pour revêtir un enfant nu.

Les autres morceaux du recueil respirent le même sentiment de douleur patriotique et de compassion. Ils furent écrits après la capitulation de Metz.

Dans l'un d'eux, *Donnez*, appel en faveur des soldats que la déroute couche dans la boue des chemins et des camps, en proie à la maladie et à la faim, le poète s'adresse particulièrement aux mères :

> Mères, ce sont vos fils ; filles ce sont vos frères !

Il eut la bonne inspiration de former avec cette composition pathétique une circulaire et de l'adresser à ses confrères de l'Ariège, avec une chaleureuse préface où il dit notamment :

« J'ai réuni cinq morceaux d'actualité dans une petite brochure que je vends 25 centimes au profit des victimes de la guerre. » Ces morceaux forment le recueil qui m'occupe. La vente produisit 400 francs. Cette somme fut répartie, moitié par l'auteur et moitié par l'inspecteur d'académie, entre quatre veuves de l'Ariège, victimes de la guerre.

Cet acte de délicate et haute charité fait grand honneur à celui qui le conçut et l'accomplit, et à la généreuse famille de nos instituteurs qui s'empressèrent de s'y associer.

IX

Les *Etudes philosophiques et religieuses,* parues en 1881, sont des réflexions et méditations sur le *Doute*, la *Vie*, la *Mort*, la *Vie future*, la *Philosophie et la Religion*.

Le *Doute* est le meilleur morceau, au point de vue poétique. Ce point de vue est d'ailleurs le seul qui me préoccupe dans mon examen; car j'estime qu'il serait inutile et vain de se livrer à des controverses sur de telles questions. Elles peuvent au surplus, je crois, se résumer dans ces mots : il est des esprits qui doutent (il en est peu à cette heure du siècle, je parle bien entendu des penseurs) ; le plus grand nombre croit ou nie, sans ambages, sans restrictions. On est avec Malebranche ou avec Kant, Descartes, Bayle, Spinosa, Lesbnitz, avec leurs méthodes mi-spiritualistes et mi-panthéïstes, n'ont guère de partisans qu'auprès des esprits purement scolastiques et spéculatifs. *To be or not to be*. Il faut choisir.

Pour moi, pour le travail forcément rapide auquel, je le répète, je me livre ici, il ne m'importe pas de savoir dans quel camp se range M. Guichou. Le poète seul m'intéresse. Ce n'est pas d'ailleurs dans les vers qu'il faut ordinairement chercher le métaphysicien, le penseur. Il faut au philosophe qui raisonne, la précision de la prose; et encore, l'instrument est-il souvent insuffisant, imparfait. M. Guichou est-il poète? J'ai déjà répondu. Les strophes suivantes, tirées du *Doute*, de la *Vie* et la *Mort*, seront une confirmation :

Voyageur égaré sur l'Océan du monde,
Que m'importe le vent qui pousse mon esquif,
    Car dans ma course vagabonde,
    Je ne vois ni port ni récif.
Partout un ciel d'airain surplombe sur ma tête,
Pas une étoile au ciel pour diriger mes pas.
    Après le calme et la tempête,
    Que m'attend-il là-bas, là-bas ?

Est-ce une île inconnue, aux fortunés rivages,
Un pays féérique, au séjour enchanteur ?
    Ou n'est-ce, hélas! que des nuages,
    Que le vent chasse avec fureur ?
J'ai vu ce qu'un doux rêve entraîne de mécomptes,
Ce qu'un moment d'ivresse amène de dégoût ;
Du plaisir au remords comme la chute est prompte,
    Et j'ai pu dire : Est-ce là tout ?
La vie est cette halte au milieu du voyage,
Où chaque passager se demande à son tour :
    De quel côté trouve-t-on le rivage ?
    De quel côté voit-on naître le jour ?
La mort est-elle un but? La vie est-elle un rêve ?
Est-ce une épreuve amère? un affreux contre-temps ?
Ou le premier rayon d'un beau jour qui se lève
    Pour briller éternellement ?
Qui me dira le mot caché de ce mystère
Pour répondre à des cœurs affamés d'avenir ?
    Le bonheur est-il sur la terre ?
    Est-ce un grand bien que de mourir ?
Et toujours ballotté par l'océan du doute,
Ni passé, ni présent, ne répond à ma voix
    L'homme effrayé, poursuit sa route
    Comme entraîné par de fatales lois.
. . . .
Si la mort est le but, pourquoi donc dans la vie
Tant de charme à nos yeux, tant de lumière au jour?
. . . .
Pourquoi sur le chemin trouver des fleurs sans nombre?
Pourquoi dans les buissons tant de concerts d'oiseaux ?
Pourquoi dans les forêts tant de paix et tant d'ombre ?
Pourquoi ce doux murmure au courant des ruisseaux ?
Pourquoi cet horizon, en ciel percé d'étoiles ?
Pourquoi ces verts côteaux de blancs agneaux parés ?
. . . .
Si la mort est le but, par quel affreux mystère
Ne pouvons-nous sans crainte aborder dans son port ?
Pourquoi voir dans ce port une terre étrangère ?
Si la mort est le but pourquoi craindre la mort ?

Dans *la vie future*, le poète suit dans ses migrations l'esprit qu'il sent en lui, et qu'il croit immortel. C'est la théorie de Spinosa. La dissertation qu'il a avec lui-même se termine par une affirmation : la mort est une délivrance; appelez-là, elle vous rapprochera de ceux que vous avez aimés. Maisoù, en quel lieu se fera ce rapprochement ? Le poète répond : « Je ne sais ? Qui le sait ? »

Dans *le Philosophe et le Chrétien*, l'auteur établit un dialogue entre Voltaire mourant et Sylvain, un pauvre ouvrier admis à son chevet et qui se sent déjà lui même atteint par la mort. Ce Sylvain est une sorte de voyant, dont la foi éclaire et guide l'ignorance. Cette foi ardente qu'il puise dans la bible, a déjà aidé à des morts chrétiennes; elle vient tenter sa vertu sur Voltaire. Les réflexions du philosophe, railleur et incrédule, sont sur le point de décourager notre jeune homme, qui finalement se livre à une supplication, à une prière à Dieu,par laquelle il arrache au terrible mourant un regret et l'affirmation célèbre :

Si Dieu n'existait pas, il faudrait l'inventer.

Voltaire n'en meurt pas moins dans l'impiété finale ; tandis que Sylvain, de retour dans sa chambrette, sur son grabat, rend son âme à Dieu.

L'auteur fait précéder ce morceau de la préface suivante :

« A ma femme.

C'est pour répondre à un ardent désir de ta part que j'ai mis en scène,dans un sujet spécial,l'*incrédule* et le *croyant*, au moment de leur mort. Il m'a fallu,je l'avoue, beaucoup de courage et un grand dévouement à ta volonté pour oser entreprendre ce travail par le temps qui court. Plusieurs me railleront. Mais toi, tu m'approuveras.«

Je ne suis pas avec les railleurs. Je crois seulement M. Guichou lorsqu'il dit qu'il lui a fallu beaucoup de courage pour toucher à un semblable sujet. On renconcontre dans ce morceau un vers sublime, celui de Voltaire :

Si Dieu n'existait pas, il faudrait l'inventer.

Il peut même être intéressant de prendre dans l'*Epître à l'auteur du livre des Trois imposteurs*, le passage où ce vers se trouve, et à le citer ici. Cet extrait servira, au besoin, à détruire une erreur qui a encore cours, auprès de certains esprits, à la campagne surtout : à savoir que Voltaire était athée.

Voltaire n'était pas athée. Il était déiste, comme Socrate, comme Epitecte, comme Pascal, comme Descartes, comme Bayle, comme Locke, comme Condorcet, comme Michelet, comme Victor Hugo.

Mais voici l'extrait :

Consultez Zoroastre, et Minos, et Solon,
Et le martyr Socrate, et le grand Cicéron.
Ils ont adoré tous un maître, un juge, un père,
Ce système sublime à l'homme est nécessaire.
C'est le sacré lien de la Société,
Le premier fondement de la sainte équité,
Le frein du scélérat, l'espérance du juste.
Si les cieux, dépouillés de son empreinte auguste,
Pouvaient cesser jamais de le manifester,
Si Dieu n'existait pas, il faudrait l'inventer.

Et l'histoire raconte que Voltaire était si satisfait de ce dernier vers, qu'il écrivait à Saurin, le 10 septembre 1770 :

« Je suis rarement content de mes vers ; mais j'avoue que j'ai une tendresse de père pour celui-là. »

Voltaire n'était donc pas athée ; cela résulte également de l'extrait suivant d'une lettre du philosophe au prince royal de Prusse, depuis Frédéric II :

« Ce qui révolte le plus dans le *système de la nature* (après la façon de faire des anguilles avec de la farine), c'est l'audace avec laquelle l'auteur décide qu'il n'y a pas de Dieu :

Si Dieu n'existait pas il faudrait l'inventer.

Mais toute la nature nous dit qu'il existe ; qu'il y a une intelligence supérieure, un pouvoir immense, un ordre admirable, et tout nous instruit de notre dépendance. »

Une légende veut qu'à la fin de ses jours, pressé par des ecclésiastiques, Voltaire ait fait quelques concessions. Mais, ce qui est certain, c'est qu'au curé de Saint-Sulpice, qui, au chevet de son lit de mort, le sommait de reconnaître le dogme de la divinité de Jésus-Christ, il ne répondit que ces mots : « Laissez-moi mourir en paix. »

La légende aura tenté M. Guichou ; il aura pensé que l'ancien testament réussirait peut-être là où le nouveau avait échoué. Il reconnaît de bonne foi que son espoir a été trompé. Aux yeux de son Sylvain, Voltaire meurt damné. C'est bien pour ceux qui croient à l'enfer et à la damnation, et qui ne sont pas avec Diderot disant au moment de l'affaire Calas : « Quand il y aurait un Christ, je vous assure que Voltaire serait sauvé. » Hommage paradoxal, mais hommage rendu aux qualités et aux mérites de Voltaire, qui a été, qu'on le veuille ou non, le défenseur le plus énergique des opprimés et des malheureux, le champion le plus ardent et le plus courageux de la tolérance, de la raison, de la justice et du droit.

Enfin, et pour terminer les mots bien connus du philosophe lors de la visite que lui fit Franklin avec son fils, à son passage à Paris. La visite finie l'illustre Américain prie le noble vieillard de bénir son enfant, Voltaire étend ses mains sur la tête de l'adolescent et ne prononce que ces mots : *Dieu et liberté !*

Voilà encore une preuve du déïsme de Voltaire que M. Guichou ne conteste d'ailleurs pas ; pas plus qu'il ne conteste les vertus du grand philosophe, ainsi qu'on l'a vu dans ses vers sur le libre-penseur.

X

Je serais incomplet, si, à propos des poésies de M. Guichou, je ne disais un mot des *Maudits ou la Révolution sociale*, poème encore inédit, dont j'ai eu un instant le manuscrit sous les yeux. En voici la pensée fondamentale, vieille comme le monde : au riche, toutes les jouissances sur cette terre ; au pauvre, toutes les souffrances. Le face à face, le contraste est vigoureusement présenté. J'en détache quelques bons vers :

Le travail est le lot, que nul ne désavoue,
Il est de droit divin, et tout homme le loue,
C'est la condition de l'humble humanité ;
Mais le fardeau par tous devrait être porté ;
Il faudrait qu'au grand char chacun tirât sa corde,
Et, par cette union d'efforts et de concorde,
Par cette impulsion de faibles et de forts,
On verrait la machine avancer sans efforts.

Le pauvre se révolte contre ces iniquités ; il n'a pas désiré l'existence, pourquoi la lui a-t-on donnée ? Il était heureux dans les nimbes ; il n'y souffrait pas du moins ; pourquoi l'en a-t-on tiré ?

> Pourquoi douc nous ravir à l'éternel repos ?
> Ponrquoi nous appeler dans ce monde de maux,
> De tribulations, de soucis et de peines ?
> Ne sommes-nous créés que pour porter des chaînes ?

Il en appelle à la justice de Dieu, ou plutôt, il rappelle Dieu à la justice. Les derniers vers sont remarquables :

> Ces cris, cette clameur, c'est l'écho de la foule ;
> C'est la voix du torrent, c'est le bruit de la houle ;
> C'est la vague qui monte et monte incessamment ;
> C'est la mer qui déjà couvre le continent ;
> C'est la force qui rompt la puissance et l'obstable ;
> C'est du monde miné l'effroyable débâcle ;
> C'est de notre univers les lugubres débris ,
> L'heure de la revanche et le jour des maudits.

Une chose m'a frappé dans l'œuvre poétique publiée par M. Guichou, c'est qu'on n'y trouve pas une page, que dis-je ? pas un soupir d'amour. Il n'est pas possible que M. Guichou, au moins à l'heure où son cœur était libre, n'ait pas roucoulé le long de l'Arize avec la muse, ou que, couché à ses pieds, sur des tapis de paquerettes, il n'ait pas tourné son fuseau d'or. On n'est pas poète sans cela, et j'ai dit que M. Guichou était poète. J'y pense : il aura tout mis dans son poème sur *l'Amour*. Tout? Pas peut-être. Mais laissons les mystérieuses strophes à leur voile épais.

L'œuvre du journaliste porte principalement sur les années 1870-1872. Une idée la domine et semble l'avoir inspirée : le publiciste s'est donné la mission de chercher et d'exposer les causes de nos désastres. Il les a vues : 1° dans l'ignorance du peuple, 2° dans son relâchement moral, 3° dans son désintéressement de la chose publique.

J'analyserai rapidement quelques articles parus pour la plupart dans l'*Avenir de l'Ariège* qui déjà à cette époque ouvrait ses colonnes toutes grandes aux esprits courageux et indépendants. *Appel aux hommes de Progrès.* Cet article est du 30 juin 1872. L'auteur, ayant reconnu que l'affaissement de la France sous le deuxième Empire, et finalement les désastres de 1870, avaient leur origne dans l'indifférence ou l'aversion de ce régime pour l'instruction du peuple, cherche le remède au mal et le voit dans le concours que chaque citoyen, en situation de pouvoir le faire, doit prêter aux Sociétés qui s'organisent dans ce but, telles que *la ligue de l'Enseignement, l'Association française pour l'avancement des sciences,* etc. Il trouve notamment un moyen d'action dans la *lecture publique* par la création et la multiplication des bibliothèques. Un passage donnera une idée de la vaillance et de l'ardeur de sa plume :

« Non la nation ne se relèvera pas si les hommes de cœur e: de progrès ne tentent un suprême effort, s'ils ne se rallient, s'ils ne se concertent, s'ils ne s'entendent pour une guerre à mort contre l'ignorance, cette plaie de l'humanité. Ce que le gouvernemeut ne veut pas ou ne peut pas faire, il faut que nous le fassions. Il n'y a plus à s'informer si c'est dans nos attributions, si cela nous regarde ou ne nous regarde pas, si nous sommes forts, ou faibles, si nous serons seuls ou accompagnés, si nous tricmpherons ou si nous succomberons dans la lutte. Ce qui seul doit nous préoccuper, c'est que le navire qui renferme toutes nos espérances court un grand danger et que nous n'avons que quelques minutes pour le sauver. »

Instruction et ignorance (14 juillet 1872).

Il expose les plaisirs, les satisfactions, les avantages de l'homme instruit : il voit, il sait, il se rend compte ; il est difficile de le tromper. L'ignorant au contraire est le jouet des ténèbres, la dupe et la victime des exploiteurs intéressés à le tenir, lui et ses enfants, dans l'état d'ignorance. «Jacques Bonhomme, dit-il, pour eux est peu de chose, mais Jacques Bonhomme travaille et les dispense de travailler. C'est là tout. »

Il montre ces apôtres de l'ignorance allant fatalement à l'encontre de leur but qui est d'empêcher le peuple d'être soulevé comme un torrent par le flot de l'instruction; il leur conseille de tracer un lit au torrent et d'en faire ainsi un fleuve bienfaisant et fécond. Il montre le progrès se faisant par l'instruction, l'ouvrier et le laboureur,devenus plus habiles dans leur métier, s'attachant davantage et d'un amour raisonné et éclairé à leur atelier et à leur champ, se moralisant et moralisant la famille, devenant des hommes d'ordre et de paix. « L'homme instruit, dit-il, c'est un homme, mais l'ignorant n'est qu'une bête. »

XI

L'Instruction primaire devant le Conseil général de l'Ariège (29 août1872). L'idée fixe deM. Guichou, idée très juste et à laquelle les événements ont depuis donné raison, c'est que l'instruction seule peut relever la France de la décadence où l'a plongée l'entretien de l'ignorance dans les masses populaires. Il rappelle le mot fameux de Fichte aprés Iéna et Friedland « l'Allemagne ne peut être sauvée que par l'instruction abondamment répandue et largement professée. » Il fait le tableau de l'état de culture intellectuelle de la France : elle est au 12e rang des Etats de l'Europe. Il y a 300 000 enfants qui ne fréquentent aucune école ; et, sur 100 qui la fréquentent, 40 n'y apprennent rien ou presque rien.

Les remèdes qu'il trouve à ce mal sont :

1o L'amélioration du sort de l'instituteur.

2o L'obligation de l'enseignement.

3o La création de comités de surveillance.

La situation de l'instituteur frise la misère. Un traitement raisonnable ferait rechercher la fonction par des esprits plus cultivés et d'élite.

L'obligation de l'enseignement n'est pas une violation faite à la volonté et à la liberté du père de famille. En effet, elle n'atteint pas le père instruit, puisque, comprenant les bienfaits de l'instruction, il l'assure la plus étendue possible à son enfant ; elle ne touchera que le père ignorant ou brutal, qui, considérant son enfant comme une petite bête, le fait travailler pour ainsi dire dès le berceau afin d'en tirer un certain profit. Et quel est ce père ? Est-ce le père travailleur, bon cultivateur, bon ouvrier ? — Non ; celui-là connaît trop le prix de l'instruction pour vouloir en priver son enfant. Celui qui protestera, c'est le père paresseux, ivrogne, truand, ou bien la bête brute qui ne songe qu'à la satisfaction immédiate de ses instincts.

L'instruction est le feu qui assainit l'immondice où grouille l'ignorance, la lumière qui dissipe les ténèbres, éclaire l'âme, vivifie l'esprit, purifie le corps. Elle donne même, à ce père bestial, un enfant « respectable, un fils honnête homme » ; elle donne en même temps un citoyen utile à la patrie, un homme à l'humanité.

L'instruction est aux yeux de M. Guichou un besoin public : une loi d'utilité publique peut en conséquence en décréter la nécessité, l'obligation.

Un comité de surveillance doit aider l'instituteur dans sa tâche. Ce comité devra notamment pourvoir aux fournitures de classe, cahiers plumes, livres, etc. Il entrevoit pour ce comité la possibilité de fournir les vêtements et la nourriture aux enfants de parents nécessiteux. En homme d'initiative, en esprit éclairé, l'auteur devançait, comme on le voit, l'avenir, car on trouve ces bienfaits dans les centres populeux où la pauvreté se fait plus cruellement sentir. Je ne sais pas si l'article arriva jusqu'à la table de délibération du Conseil général d'alors, et s'il y rencontra quelque regard bienveillant ; mais ce que je sais, et ce qu'il faut rappeler ici, c'est, que l'auteur a été, dans notre Ariège, l'initiateur, le divulgateur par la presse, de cette salutaire réforme de l'enseignement qui est, comme dirait Montaigne, *la question maîtresse*, la question mère, celle qui enfantera toutes les autres réformes, car elle les porte et les couve dans son sein.

Dans *Pétitions pour l'Instruction obligatoire*, le publiciste revient sur la question de l'obligation, et y apporte des éléments nouveaux : les statistiques démontrent que la grande pourvoyeuse des prisons, des bagnes et des lupanars, c'est l'ignorance ; car elle voile et étouffe non-seulement la notion, mais le sentiment même de l'honnêteté et de la vertu. L'obligation coupera le mal dans sa racine. Ne pas l'établir c'est laisser au père de famille le droit d'homicide sur l'intelligence de l'enfant.

XII

Dans l'*Enseignement congréganiste et l'enseignement laïque*, l'auteur n'a pas de peine à montrer la supériorité, à tous les points de vue, du second enseignement sur le premier. Il s'élève avec force contre la prétention de celui-ci à s'ériger en champion de la morale et de la religion : les statistiques criminelles plaident contre une telle prétention. Par son rôle de père de famille, l'instituteur laïque reçoit de la société et lui donne en même temps une force morale, une vertu naturelles qui sont interdites à l'instituteur congréganiste muré dans son cloître et dans ses vœux.

M. Guichou était bien placé pour parler de l'*Instituteur*. Dans un article qu'il lui consacre, il s'exprime ainsi : « Le premier personnage de la commune c'est l'instituteur, celui qui tient dans ses mains l'avenir du pays, et qui pétrit la pâte dont sera faite la France de demain. Il faut donc qu'il soit le plus digne et le plus honoré de tous. Pour cela, il ne doit être dans la dépendance ni du curé, ni du pasteur, ni du plus gros propriétaire de l'endroit, ni de personne, en dehors de ses chefs hiérarchiques; et il est indispensable qu'il n'ait besoin de recevoir aucun supplément de traitement provenant de fonctions étrangères à la mission sacrée qui lui est dévolue. Nous devrions viser à assurer à tout instituteur, en France, un minimun de quinze cent francs, avec le logement comprenant maison et jardin. De la sorte, il ne sera plus dans la nécessité de chanter les vêpres ou de sonner les cloches. Chacun chez soi : l'instituteur dans son école et le prêtre dans son église... La question de l'instituteur, de l'éducateur de l'homme et du citoyen, est la question fondamentale, vitale de toute société. De sa solution dépendendent les destinées de la France. C'est à établir le parallélisme de l'instruction universelle et du suffrage universel que nous devons tendre... L'instituteur est l'artisan de cette œuvre. Donnons-lui la dignité, l'indépendance et la force qui l'aideront à l'accomplir, et nous aurons assuré la grandeur et la prospérité de la République. »

L'*Emprunt* (28 juillet 1872) ; « L'heure est solennelle ! Le formidable emprunt est ouvert, et la France par un effort suprême, s'enfante en ce moment à la liberté... La France fait aujourd'hui appel à ses enfants. Elle leur demande cette fois non du sang, mais de l'argent pour arracher de son sein l'insatiable ennemi...» Il fait appel à toutes les bourses, à celles des humbles, des petits, principalement afin que ce *rachat* de la patrie soit l'œuvre de tous ses enfants.

Ces quelques aperçus suffiront pour marquer l'esprit et le caractère des manifestations du journaliste, de ses qualités qui consistent dans la vigueur de l'expression, le courage du sentiment, l'élévation de la pensée.

XIII

M. Guichou conférencier est universellement connu dans l'Ariège. Le spectacle d'un instituteur abordant la tribune publique et y parlant éloquemment est assez rare, encore à cette heure, pour qu'il frappe l'attention et arrête l'esprit.

M. Guichou est le seul dans notre département qui ait tenté l'œuvre difficile du conférencier ; et j'ajoute tout de suite qu'il y a réussi pleinement. C'est même de ce côté qu'il a principalement sollicité et qu'il retient mon crayon.

J'ai énuméré précédemment les divers sujets de ses conférences. Toutes, ou presque toutes, roulent sur l'éducation et l'instruction, le seul thème que, dans sa situation, il lui ait été permis d'aborder, et qui fait que j'appelle volontiers M. Guichou *l'Instituteur conférencier.*

Parmi ces conférences, trois ont été livrées à la publicité. Elles forment autant de brochures. Ce sont : *Ce qu'il y a à faire ; Education des Enfants* et *L'Education des jeunes gens et des jeunes filles.*

Dans *Ce qu'il y a à faire,* le conférencier recherche les causes de la non-fréquentation de l'Ecole et les moyens pratiques d'y remédier. Les causes sont *l'ignorance* des parents et leur *misère ;* les moyens, ou plutôt le moyen, *l'obligation.* Il développe éloquemment les arguments que nous l'avons vu exposer dans ses articles de presse. Il effleure, en passant, la question sociale, la préoccupation du bonheur social, qui est, au fond, la pensée dominante et le but de toute question d'éducation et d'enseignement.

« Pour tout observateur attentif, dit-il, la Société subit en ce moment une transformation solennelle. On sent que des idées nouvelles se font jour ; qu'un souffle particulier va portant la vie partout ; que tout s'agite, et que le peuple, comme la nature, n'attend que les premiers rayons du soleil pour jeter son épanouissement. Ces symptômes, réjouissants pour les uns, qui voient dans ces faits le réveil d'un peuple qui veut vivre, affligeants pour d'autres, qui s'obstinent à croire que de là vont naître des cataclysmes épouvantables, ces symptômes, dis-je, existent ; ils sont manifestes, et ils posent à chacun une question inéluctable ! Sur les débris d'un monde qui s'écroule va apparaître une nouvelle Société dans laquelle les lignes de démarcation, qui parquaient pour ainsi dire les classes sociales en catégories distinctes, n'existeront plus, et le souffle de la liberté va certainement donner au peuple des aspirations que nous ne lui connaissons pas... »

Parlant de l'obligation, il s'écrie :

« Oui, nous sommes les apôtres de la liberté, et nous la voulons pleine et entière pour tout le monde. Mais nous entendons la liberté qui se propose la poursuite du bon, du bien, du beau..... Oui, nous voulons la liberté pour le père, quand le père est ce qu'il doit être, c'est-à-dire le protecteur, l'ami, la providence de ses enfants ; et ses droits sont aussi sacrés alors pour nous que ses devoirs. Mais nous la refusons à ce père infâme qui voudrait faire servir son autorité à corrompre, à perdre, à immoler ses propres enfants ; et alors nous voulons la liberté, non pour le père qui ne s'en servirait que pour opprimer, mais pour les enfants qui en ont besoin pour s'affranchir... Voilà notre tyrannie ! »

Le conférencier fait remarquer que l'obligation de l'instruction entraîne sa *gratuité ;* au moins pour ceux dont les parents ne peuvent pas payer la rétribution scolaire. Pour ces derniers, dont le nombre lui semble très restreint, il voudrait qu'on instituât dans chaque canton une sorte d'école agronomique, internat agricole, ferme-école au petit pied, qui serait une pépinière de maîtres-cultivateurs, joignant la pratique à la théorie. Ce projet lui apparait comme la démocratisation des Fermes-Ecoles actuelles, lesquelles lui semblent enfermées dans des formes trop aristocratiques.

Le projet était original et attrayant à l'époque où il le conçut, c'est-à-dire avant la loi sur les réformes de l'instruction primaire. Depuis, il a perdu de son intérêt : il serait, ce me semble, avantageusement remplacé par une très large place faite à l'agriculture dans le programme scolaire, et par la création de champs d'expériences dans toutes les communes. Il est d'ailleurs basé sur l'internat, que la démocratie doit combattre et repousser partout.

La conférence se termine par une péroraison remarquable, où l'homme, façonné et ennobli par l'instruction, est présenté grandi, libre, rayonnant, utile, heureux.

XIV

La *Conférence sur l'éducation des jeunes gens et des jeunes filles* est particulièrement remarquable. Elle repose sur cette thèse que l'instruction est le principe même de la morale. « C'est elle qui peut améliorer la situation (l'état social créé par l'ignorance) en donnant à cette effervescence naturelle (les mauvaises herbes qui poussent dans le champ social) une meilleure direction ; en faisant détester ce qui est mal pour s'attacher à ce qui est bien ; en faisant tourner au profit de la société, les forces vives de la nation, qui se perdent dans le vice et l'inconduite ; en préparant au plus tôt dans chaque jeune fille la femme forte de l'avenir, dans chaque garçon, l'honnête homme, l'ouvrier laborieux, le citoyen utile ; en instruisant enfin chacun de ses devoirs. Comment pouvons-nous faire pénétrer dans les masses, et particulièrement dans les adultes des deux sexes, ces principes de morale et d'éducation ?... »

Il étudie d'abord le caractère, la nature de son *sujet ;* puis il l'observe, il le place dans le cadre de la famille et dans celui de la société. Il lui expose ses devoirs d'homme et de citoyen. Des anecdotes appropriées, prises dans l'histoire ou dans la vie privée, sont les moyens auxquels il recourt de préférence pour frapper son esprit. Il l'amène ensuite à comparer les formes de gouvernement. « S'il ne sentait pas, dit-il, suffisamment les avantages de la République, je n'aurais qu'à dérouler devant lui les grands enseignements de l'histoire. Je lui montrerais la terre ensanglantée par des milliers et des millions d'hommes qui ont été égorgés pour le caprice de quelque monarque, empereur ou roi. Je lui dévoilerais les secrets d'une cour corrompue. Je lui ferais voir les conséquences déplorables de l'hérédité dans le gouvernement. Je lui dirais que l'impôt, le fruit de sa sueur, va s'engloutir dans des dépenses folles, sert à soutenir une guerre injuste, à bâtir des palais, à nourrir une cour, à enrichir des courtisans, à entretenir des maîtresses, à doter des bâtards... »

Voilà pour les jeunes gens, et voici pour les jeunes filles :

« Donnons-leur le goût des choses simples et le mépris des frivolités. Ornons leur esprit de ce qui est beau, grand et noble, mais sans forfanterie ni pédantisme. Rendons-les fortes pour les épreuves et faibles pour le bien, grandes pour le péril et petites pour la charité; bonnes pour elles-mêmes ; impitoyables pour les superstitions et humbles pour la foi. Donnons-leur Dieu, mais brisons leurs idoles... »

Puis s'adressant aux mères des jeunes filles, il leur dit :

« Sans leur ôter les illusions qui font le charme de la jeunesse, écartez les chimères et les rêves. Il faut qu'une femme soit positive, en ce sens qu'elle ne cherche pas l'impossible et qu'elle ne demande pas à la vie plus qu'elle ne peut offrir. Un de nos grands ennemis, c'est l'imagination, c'est l'exaltation; quelque innocente qu'elle paraisse, craignez-la. Il viendra un moment où cette exaltation s'emparera de toutes les facultés de votre fille, et, dès lors, vous ne pourrez plus répondre ni de sa conduite, ni de son bonheur... »

Tout cela est excellent et dit avec une simplicité qui est la véritable éloquence, celle qui porte avec elle la persuasion. Cette conférence serait parfaite, si l'orateur ne donnait lui-même, un instant, dans le travers qu'il condamne : l'exagération. « Une jeune fille pauvre, dit-il, mais ayant quelques légitimes droits à la beauté, se trouve, par la force des choses, obligée de vivre dans la misère, dans les haillons, dans l'oubli... » Et il la montre tombant dans la galanterie, dans la débauche et mourant dans les hideuses maladies que la vie dévergondée entraîne avec elle et qui sont sa punition. Cela est vrai, ou à peu près, de ce qu'on appelle sur le pavé des cités, la *rouleuse*, laquelle tombe ordinairement du lit de la prostitution au lit de l'hôpital ; mais ce n'est pas la misère qui l'a amenée là, quoiqu'en ait dit Musset dans le fameux vers :

> Pauvreté, pauvreté, c'est toi la courtisane !

Non, c'est la mauvaise rencontre, ou la mauvaise fréquentation, ou la mauvaise mère, ou la paresse, ou tout autre péché capital ; mais la pauvreté, non. Pour la jeune fille pauvre et belle, il y a le travail et il y a la vertu qui en sauvent et en rendent heureuses des milliers pour une que le vice prend et perd. Une brebis galeuse ne fait pas le troupeau. Où en serions-nous ?...

M. Guichon menace du châtiment du ciel les jeunes filles qui dévieront de la bonne voie Puis il demande qu'on laisse à Dieu la première place dans l'éducation. « Sans la pensée de Dieu, dit-il, qui voit tout, et qui rendra à chacun selon ses œuvres, l'enfant fuirait le travail et tout ce qui le contrarie ; l'homme manquerait souvent à ses devoirs et ne serait jamais capable de donner sa vie pour le bonheur des autres ; la femme s'avilirait dans la honte et la fange des passions, et nous n'aurions plus de mère pour dire à ses fils : Allez mourir pour la Patrie ! Elle est votre mère avant moi !

Ce langage me semble exagéré ; il contraste un peu avec le libéralisme, le rationalisme habituel de M. Guichou : il me semble que nous sommes au prêche, plutôt qu'à l'école ; à la chaire du pasteur, plutôt qu'à la table du conférencier. Si on acceptait une telle doctrine, le libre-penseur serait rarement honnête, et on ne devrait attendre de lui ni patriotisme, ni désintéressement. Ce n'est certainement pas le sentiment de M. Guichou : j'interprète sans doute mal sa pensée. Il aura voulu parler de l'homme dénué de conscience, de cette lumière intérieure qui est le reflet de la divinité, telle que l'entendent les déistes, et sans laquelle il n'y a ni honnêteté, ni vertu. Mais l'homme sans conscience n'est pas un homme ; c'est un monstre dont il n'y a pas à s'occuper.

Je me suis demandé précédemment s'il est à regretter que M. Guichou n'ait pas été pasteur ; je répète (et quelques passages de ses discours me confirment dans mon opinion) qu'il aurait brillé dans ce ministère ; mais l'ensemble de son œuvre me donne à croire qu'il y aurait jeté un éclat moins vif encore que dans celui d'instituteur ; car il est bien, ainsi que le mot l'indique, celui qui institue l'homme dans l'enfant et concourt à préparer l'humanité à ses hautes destinées.

XV.

En 1881, M. Jules Ferry, alors ministre de l'Instruction publique, eut l'heureuse idée de réunir à Paris un Congrès d'Instituteurs, afin de les consulter sur les réformes qu'il avait projeté d'apporter à l'enseignement primaire. Ce congrès devait être composé de deux délégués par département, nommés par une assemblée de délégués des instituteurs de département.

Les délégués des vingt cantons de l'Ariège se réunirent à Foix le 31 mars pour procéder à l'élection des deux représentants au Congrès et les charger de leurs vœux, formulés dans des réunions préparatoires.

Les questions à discuter étaient les suivantes, posées par le gouvernement :

Des moyens d'assurer la fréquentation de l'école. De l'enseignement et de l'éducation dans la dernière partie de la division élémentaire ou petite classe.

Après un discours éloquent et qui frappa vivement l'assistance, M. Guichou fut élu délégué ainsi que je l'ai dit avec M. Amiel, instituteur des Cabannes.

Voici en quels termes la presse départementale s'exprima sur cette élection :

« Nous annonçons avec un réel plaisir que, dans une réunion tenue à Foix le 31 mars, les instituteurs délégués des vingt cantons de l'Ariège, ont élu MM. Guichou, de La Bastide-sur-l'Hers, et Amiel, des Cabannes, pour aller représenter le département au Congrès pédagogique qui doit se tenir prochainement à Paris. Ce Congrès a pour but de grouper autour du Ministre, pendant quelques jours, l'élite des Instituteurs de France. C'est dans ces grandes assises de la science que seront discutées avec fruit les questions vitales de l'enseignement primaire.

« M. Amiel est un maître de grand mérite, et M. Guichou a prouvé par son discours d'avant-hier, et en mainte autre circonstance, qu'il peut rendre d'utiles services à la grande cause pour laquelle il est envoyé à Paris. C'est donc, à tous les points de vue, un excellent choix que les délégués ont fait. »

Le Congrès se réunit à la Sorbonne, salle Gerson, le 19 avril, et siégea jusqu'au 24. Le discours d'ouverture fut prononcé par M. Buisson, directeur général de l'Enseignement primaire. M. Gréard, vice-recteur de l'Académie de Paris, fit le compte rendu des travaux. On se sépara sur une éloquente allocution du Ministre.

C'est de cette solennelle assemblée que sortit la grande loi de l'enseignement primaire, basée sur le triple principe de *l'obligation, la gratuité* et *la laïcité.*

Il est intéressant, encore aujourd'hui, de reproduire les principales résolutions du Congrès, celles que l'on peut considérer comme formant la base de son cahier général :

Le Congrès demande :

Que la gratuité des écoles soit absolue ;

Que les fournitures scolaires soient accordées gratuitement à tous les élèves sans distinction ;

Que toute classe, comptant plus de quarante élèves, soit dédoublée ;

Que les maisons d'école soient installées dans les meilleures conditions hygiéniques, pourvues de tout ce qui peut en faire aimer le séjour et rendre l'enseignement profitable ;

Que des ateliers de travaux manuels soient annexés à toutes les écoles primaires qui comportent cette installation ;

Que des ouvroirs soient organisés, dans les mêmes conditions, pour les écoles de filles, et que l'ouvroir soit dirigé par une maîtresse pourvue du certificat pour l'enseignement de la coupe et de l'assemblage, dans toutes les écoles où cet enseignement pourra être créé ;

Que les instituteurs soient soumis au droit commun en ce qui concerne le service militaire ;

Que la loi sur l'obligation de l'enseignement primaire soit votée et appliquée dans le plus bref délai possible ;

Que la loi du 19 mai 1874 sur le travail des enfants dans les manufactures soit abrogée ;

Qu'aucune catégorie d'enfants ne soit privée des bienfaits de l'instruction ;

Le Congrès exprime le vœu :

Que l'instituteur ne dépende que de ses chefs universitaires et soit nommé par le recteur ;

Qu'il puisse obtenir l'avancement sur place ;

Que les veuves des instituteurs jouissent des mêmes avantages que les veuves des autres fonctionnaires ;

Que les instituteurs communaux laïques, élus par leurs collègues, entrent au conseil départemental ;

Q'un instituteur communal laïque, élu par ses collègues

fasse partie du conseil supérieur de l'instruction publique;

Que les institutrices soient appelées, au même titre que les instituteurs, dans toutes les réunions où se discutent les intérêts de l'enseignement primaire... »

Les résolutions prises sur la seconde question sont basées sur le caractère éducatif dans les petites classes, avec méthode instructive, leçons courtes, attrayantes, entremêlées de mouvements et de chants, cours spécial de leçons de choses, création d'écoles enfantines intermédiaires entre la salle d'asile et l'école primaire confiées à des institutrices pourvues du brevet simple ou du certificat d'aptitude à la direction des salles d'asile, enseignement moral indépendant de l'enseignement professionnel, discipline plutôt préventive que répressive etc...

XVI

De retour dans l'Ariège, M. Guichou s'empressa de rendre compte à ses collègues de son mandat. J'ai ce compte-rendu sous les yeux. Quelques extraits donneront une idée de son importance et de sa valeur :

« De tout temps, les grands désordres moraux ont été suivis de grands désastres matériels. Et ce n'est qu'exceptionnellement que les grandes chutes ont donné lieu à quelques beaux relèvements. Cela se vérifie aussi bien dans l'histoire des peuples que dans la vie des particuliers.

« Quoi qu'il en soit, la France fait en ce moment l'expérience de ces vérités, et le monde attentif attend avec anxiété le résultat de l'épreuve. »

Il rappelle que la Prusse a dû, après Iéna, son relèvement à l'instruction.

« Et nous, se demande-t-il, où en sommes-nous ?... La foudre en nous frappant, nous a peut-être éclairés. »

Il cite alors les paroles prononcées à ce sujet par Gambetta à la réunion organisée au Trocadéro par la *Ligue de l'enseignement,* dont le congrès se tint à Paris en même temps que celui des Instituteurs. Ces paroles sont un des beaux morceaux oratoires du merveilleux tribun. Je crois utile de les reproduire ici, en supprimant les bravos et les acclamations qu'elles soulevèrent dans la salle entière :

« Au lendemain des innombrables désastres de la dernière guerre dans laquelle l'ignorance l'avait disputé à l'impéritie, il n'y a eu qu'un cri dans toute la France. De quelque bouche qu'il sortît, soit que ceux qui le poussaient eussent la vision de l'avenir, soit qu'ils fussent seulement les témoins attristés de notre catastrophe, il n'y eut qu'un mot : il faut ouvrir des écoles, remanier les programmes et les méthodes, engendrer des maîtres. Et, chose admirable, à travers toutes les difficultés, à travers les desseins parfois criminels d'un pouvoir réacteur, cette pensée fondamentale ne fut jamais perdue de vue. Et l'on peut dire que c'est sur ce terrain de l'éducation et de l'instruction populaire, que toutes les municipalités de France se sont donné un mot d'ordre latent, intime et commun, et que pas un effort, pas une énergie, n'ont été épargnés pour arriver à forcer les citoyens et l'Etat lui-même à concourir à l'épanouissement complet d'une éducation vraiment nationale.

« Ces efforts ne datent que d'hier, et cependant on voit déjà s'élever sur toute la France comme une riche moisson d'écoliers, comme une sorte de germination de maîtres. On dirait — passez-moi ce souvenir — que, de même qu'après l'an MIL, quand l'Europe, échappant aux angoisses de la peur et affaissée sous le joug sacerdotal, se couvrait d'églises; de même, après nos désastres, nous avons voulu, nous, couvrir notre terre d'écoles.

« Car, vous l'avez dit, voilà notre religion ; nous n'avons ni dogmes, ni symboles, ni catéchisme à connaître ou à répandre. Nous n'avons qu'une religion ; c'est la culture intellectuelle de tous les Français : c'est la charge imposée à l'Etat, comme aux citoyens, de ne laisser en friche aucune intelligence. Et qui donc aurait le droit de tenir à l'écart de ce banquet social un seul citoyen, un seul être humain ? En écartant cet enfant de l'école, c'est peut-être le talent, c'est peut-être le génie, c'est peut-être le réparateur que vous allez empêcher d'entrer dans l'arène de la vie publique ; c'est peut-être un ingénieur, un savant, un chimiste, un physiologiste, un grand artiste que vous empêchez d'éclore.

« Messieurs, toutes les fois qu'on néglige une intelligence, on vole le pays peut-être d'un trésor.

« Ah ! messieurs, ne craignons pas de nous confier à ce suffrage universel ainsi cultivé, ainsi armé ; car c'est là la véritable signification de cette appellation profonde et juste : l'instituteur ! L'instituteur ! c'est-à-dire celui qui nous arme pour la bataille de la vie, qui nous constitue à la fois à l'état d'intelligence libre et de producteur capable. L'instituteur ! Il y en a parmi vous, messieurs, qui ont l'honneur de porter ce beau nom. Qu'ils en soient fiers. Il n'y a pas de titre plus auguste. Il n'y a pas de charge plus glorieuse à porter, avec tous les dons que comporte cette noble profession. Il n'y a pas de fonction sociale plus utile pour la France ! »

XVII

« Le gouvernement de la République, poursuit M. Guichou, qui cherche en tout la vérité, qui veut la lumière, a ouvert une grande enquête sur les projets qui lui tiennent à cœur, afin de savoir s'il est ou non dans la bonne voie ; et il a appelé à déposer dans cette grande information tous ceux qui pouvaient le renseigner, tous les instituteurs de France.

« Soyez donc fiers avec moi de ce que notre corps, qui a été si longtemps méconnu, dédaigné, j'allais dire méprisé, se soit vu compter tout à coup pour quelque chose et comblé de prévenances.

« Vous êtes les Etats-Généraux de l'instruction primaire, a dit M. le Ministre. » Ces mots symbolisent toute une révolution... Nous avons demandé une révolution, non point, cette fois, par l'effusion du sang — rassurez-vous — mais par la mort de la routine, par l'abandon des procédés surannés, par la réforme des méthodes, par l'épurement du personnel, par une vaste application de l'esprit moderne à tout ce qui touche l'enseignement.

« Ce qui a fait de la réunion du Congrès un grand événement, c'est que tous les délégués, de quelque point de la France qu'ils vinssent, apportaient dans leurs cahiers respectifs des vœux identiques et des résolutions tellement semblables, qu'on aurait pu croire à une entente préalable, si chacun de nous en particulier n'eût su qu'il n'en était rien. Cet accord, cette harmonie prouve que les besoins sont partout les mêmes, et que le corps enseignant se confond dans une immense solidarité.

....

« Je me sens, pour ma part, très honoré de la mission que vous m'avez confiée, et j'avais hâte de vous en témoigner toute ma reconnaissance. Vos suffrages ont eu, en cette occasion, une signification que je tiens à caractériser. En prenant votre mandataire dans une des plus petites localités, et surtout en donnant vos voix à quelqu'un qui n'est pas de votre religion, vous avez fait acte de virile indépendance... »

Il trace le tableau attristant de l'étouffement et de la servitude dans lesquels on tenait, de son temps, les élèves à l'école normale.

« Je saisirai, ajoute-t-il, l'occasion de dire aux élèves de l'école normale que la partie s'est faite bien belle pour eux ; qu'ils arrivent au moment du triomphe, au jour de la victoire, à l'heure de la liberté ; qu'ils n'ont qu'à vouloir pour réussir, car ni le pays, ni le gouvernement ne leur marchanderont les sacrifices pour perfectionner l'enseignement dans les écoles normales, pour que cet enseignement soit large, étendu, élevé, pour qu'un souffle puissant pousse nos nouveaux maîtres vers des idées plus hautes, vers des horizons plus larges, vers de plus grandes destinées. »

Il expose ensuite ce qui s'est fait et dit au Congrès. Il regrette que la durée en ait été si courte : Cinq jours ! c'est à peine si on a eu le temps de se voir. Mais il n'importe, on s'est senti, on s'est compris, on s'est compté ; et un grand souffle de fraternelle solidarité a passé sur toutes les têtes. Cette impression ne sera pas perdue (1).

La fin du compte rendu est particulièrement remarquable. En voici les derniers mots :

« Quant au gouvernement, rendons-lui tous ensemble, mesdames et messieurs, l'éclatant témoignage de reconnaissance qu'il mérite : pour s'être le premier sérieusement occupé de l'instruction du peuple ; pour avoir relevé les fonctions des instituteurs en leur attribuant une certaine indépendance ; pour avoir créé le Congrès pédagogique qui sera désormais votre académie ; pour avoir compris nos besoins et pris l'engagement d'y répondre.

« Et nous, mesdames et messieurs, en présence de tout ce qui se fait autour de nous et pour nous, en présence de l'intérêt que le monde nous porte, en présence d'un avenir qui nous sourit, en présence même du défi qu'on nous jette à la face, prenons le solennel engagement de travailler de toutes nos forces à l'instruction du peuple, à la régénération de la société, à l'émancipation intellectuelle des masses, au bien-être de la nation, à la prospérité de la patrie, eu triomphe définitif de la République qui peut seule assurer le présent et garantir l'avenir, guérir nos blessures et prévenir les désastres, nous rendre sages et nous rendre forts. »

Parvenu à la fin de cette rapide étude, je dois exprimer un regret et un étonnement qui n'ont cessé de hanter mon esprit.

(1) Cet esprit de fraternité s'est énergiquement affirmé au Congrès de cette année (1887), par une résolution tendant à grouper en syndicats départementaux tous les instituteurs de France, et à fédérer tous ces syndicats en un syndicat général.

Le regret, c'est que M. Guichou ait passé toute son existence dans son petit village de La Bastide ; qu'il ne soit pas, comme l'on dit communément, sorti de son trou ; que ces précieuses facultés ne se soient pas produites dans un milieu intellectuel, dans un foyer littéraire, capable de les fortifier, de les grandir, de les porter au point de développement voulu par l'art et le talent. L'Ariège compterait peut-être en lui un poète, un journaliste, un orateur, tout à fait dignes de ces hautes et rares appellations.

Quant à mon étonnement, il est grand de constater que M. Guichou, placé dans de si défavorables conditions, ait pu produire l'œuvre que je viens d'analyser et pousser son esprit au point de culture que révèle ce travail.

XVIII

Le 24 septembre 1882, la ville de Foix était en fête : l'Ariège inaugurait la statue de Lakanal. M. Guichou avait demandé à saluer, au nom de ses collègues, l'image du grand Conventionnel. Il eut été beau, il eut été bon, qu'un instituteur se fût levé devant le bronze et eût parlé avec son âme de disciple, avec son cœur d'Ariégeois, au grand Instituteur de la Révolution. Je ne sais quelle banale question d'étiquette ne le permit pas. Je suis de ceux qui l'ont regretté.

Le soir, au banquet, je me trouvai placé à quelques pas du groupe des instituteurs. L'un d'eux me frappa particulièrement par sa physionomie. Son front était haut et développé. Ses cheveux grisonnants, assez courts, s'effaçaient en arrière, comme pour laisser s'avancer le visage, passer le regard. Ce regard était net, franc, ferme, hardi. Le menton était rasé. La moustache, assez forte. rejoignait les favoris taillés court. La lèvre supérieure soulevait la moustache, se relevait, prête, pour la parole. Le nez, légèrement retroussé, interrogeait. La tête, dans son ensemble, posait carrément sur le cou rond, solidement planté. L'habit, porté avec aisance, donnait à toute la personne un cachet de distinction. — J'écoutai : la parole était facile, nette, alerte, abondante, bien timbrée, Cet homme-là était quelqu'un. J'ai assez, j'avais déjà alors assez l'habitude des figures, pour ne pas être le jouet d'une impression.

C'était M. Guichou.

Je le connaissais de nom. Je m'étais trouvé à côté de lui, à des heures difficiles, combattant non sans danger, le même combat, le combat de la liberté, dans la presse ariégeoise. De plus, j'avais lu de lui quelques correspondances dans *la Gironde* et autres organes importants de publicité. Je savais que, l'année précédente, il avait représenté avec distinction notre département au Congrès de Paris.

Le banquet terminé, je le recherchai, désireux de faire sa connaissance, de fraterniser dans une de ces poignées de main, qui, en une seconde, mettent en contact deux esprits et les unissent dans la sympathique indépendance des idées.

Dans la confusion du dernier moment, je le perdis de vue. Je le regrettai : j'aurais eu plaisir à emporter de cette minute fugitive une impression personnelle de cet homme qui venait de frapper ainsi mon attention et vers lequel je me sentais porté.

Je ne l'ai plus revu.

Ainsi va la vie !

Si Spinosa fait se rencontrer dans son ciel lumineux, suivant d'attractives sympathies, les esprits qui se cherchent vainement dans ce monde de ténèbres, je suis avec Spinosa.

M. Guichou doit avoir épuisé, à ce moment de sa longue carrière, toutes les distinctions honorifiques réservées dans sa profession à des hommes de sa valeur....

On m'assure qu'il n'en possède aucune.

— Comment, pas de ruban ? pas de médaille ? pas de mention ?

— Rien.

— C'est un oubli. Ce ne peut être une injustice: l'instituteur étant sans reproche, l'injustice frapperait le publiciste, l'écrivain, le conférencier ; elle serait particulièrement odieuse.

C'est un oubli.

Toussaint NIGOUL.

A Monsieur Toussaint Nigoul,

Monsieur,

Vous m'avez élevé un si beau piédestal que le public émerveillé par le fini de votre travail, ne prêtera qu'un regard distrait à ma petite personnalité.

Je ne saurais m'en plaindre : à chacun son rôle. Le mien aurait été de rester dans l'ombre où je me complais.

En m'élevant si haut, vous m'exposez à faire une chute dangereuse. Que dira t-on, en effet, quand on me trouvera si inférieur à ce que vous me faites ?

Je n'aurai qu'un mot à répondre, c'est que je n'ai point recherché vos éloges, pas plus que ceux de l'auteur de l'*Histoire des Ariégeois,* M. Duclos, qui m'est comme vous, complètement inconnu.

Est-ce à dire que je sois fâché d'avoir attiré votre attention et arrêté pour un instant votre plume ? — Nullement. Votre tempérament d'artiste vous met sans cesse à la recherche de sujets nouveaux, et vous vous complaisez aussi bien aux petites comme aux grandes choses : celles-là vous reposent de celles-ci. Je n'ai donc pas éprouvé un trop grand étonnement si, petite fleur des champs, j'ai attiré vos sympathies par ma solitude désolée ;

si, pittoresque ruine, j'ai provoqué votre pinceau ; si, fragment de pierre perdue dans les champs, je suis devenu sous vos doigts une figurine que regarde le passant. — Celui qui a su tirer d'une fille perdue, *Isabelle Ducos,* une histoire attendrissante, et d'un amoureux transi, *Simonnet*, une nouvelle à sensation, est bien capable d'avoir voulu se donner la fantaisie de projeter un rayon de sa lampe sur mon humble personne.

Ne vous êtes-vous pas donné, Monsieur, la mission d'arracher les morts de l'oubli ? Vous avez fait revivre d'une vie glorieuse un homme d'une grande valeur sans doute, mais qui était complètement inconnu parmi nous, Lakanal. Vous avez ressuscité la mémoire du grand orateur Pascal Duprat, dont on ne parlait déjà presque plus dans notre société égoïste et oublieuse.

Vous vous proposez de mettre en évidence quelques instituteurs de l'Ariège et de tirer ainsi de l'obscurité ces soldats dévoués de l'armée du devoir. Vous cherchez le mérite partout, en bas comme en haut et vous l'exaltez autant et peut-être plus sous la capote du soldat que sous l'habit doré du général. C'est bien et c'est beau, noble républicain ! J'admire votre talent et j'applaudis à l'usage que vous en faites.

Que vous dirai-je encore ?

J'aurais aimé que celui qui vous a fourni les matériaux de votre travail vous eût touché un mot des mesquines tracasseries que m'a attirées ma passion d'écrire, passion que rien n'a ralenti du reste, de sorte que je peux répéter encore aujourd'hui ce que je disais il y a vingt ans aux *Oppresseurs* :

. . . .

Arrêtez, s'il se peut, le soleil dans sa course ;
Arrêtez du torrent l'impétueuse source ;
Arrêtez le volcan et ses laves de feu ;
Arrêtez le tonnerre et son terrible jeu ;
Arrêtez l'ouragan ; arrêtez la tempête ;
Immolez le penseur ; bâillonnez le poète ;
Détruisez l'univers, pressez l'éternité ;
Confondez Dieu par Dieu, source de vérité ;
Régnez en vrais tyrans, du couchant à l'aurore,
Et si vous ne pouvez, laissez-moi faire encore.

. . . .

Je suis toujours fidèle à ces principes, et vous me trouverez de nouveau à vos côtés, combattant le bon combat, toutes les fois qu'il y aura une conscience à émanciper, un droit à faire prévaloir, une liberté à conquérir.

En attendant, je vous donne l'assurance, Monsieur, de mes sentiments les plus dévoués.

GUICHOU.

www.ingramcontent.com/pod-product-compliance
Ingram Content Group UK Ltd.
Pitfield, Milton Keynes, MK11 3LW, UK
UKHW021007180726
13838UKWH00003B/1478

9 782329 377353